LES INTERÊTS

QUI DIVISENT

LES SOUVERAINS

DE L'EUROPE,

DEPUIS la mort de l'Empereur CHARLES VI. examinés fur les principes de la nature, à l'égard de la Societé & de fes devoirs.

Admonere voluimus, non mordere : prodeffe, non lædere. Erafm.

M. DCC. XLV.

LES INTERÊTS

QUI DIVISENT LES SOUVERAINS
de l'Europe depuis la mort de l'Empereur CHARLES
VI. examinés fur les principes de la nature à l'égard
de la Societé & de fes devoirs.

L eft important à un Citoyen d'être inftruit des interêts de la Societé dont il fait partie, ils dé-cident trop de fa confervation & de fon bon-heur, pour n'être pas effentiellement les fiens. L'éclairer par le fentiment fur des objets fi pré-cieux, & fur la néceffité de s'y facrifier par devoir & par état, c'eft travailler à le rendre un agent plus efficace dans la paix & dans la guerre pour étendre, ou pour proteger des avan-tages qui lui font perfonnels.

Que l'homme foit né pour vivre en focieté, que l'amour propre lui ait été donné pour ne défirer & n'agir que confé-quemment à lui-même, que ce vif interêt dans chacun d'eux foit fi intimement lié avec celui de tous, qu'un feul ne puiffe & ne doive rien faire par rapport à lui, qu'il ne concourt en même tems au bien géneral duquel réciproquement dérive le bien particulier, que par cette chaîne invifible tout foit

A

concerté pour l'ordre universel , & qu'enfin chaque partie qui le compose , ait ses loix qui existent & agissent indépendemment de nous , ce sont autant de principes constatés par l'expérience de tous les âges & de tous les païs.

· Quelle est donc la loi naturelle qui régle les hommes & les sociétés entr'elles ? Elle est caractérisée par cette bienveillance génerale de tous envers tous , proportionnée au dégré de dépendance où ils sont les uns des autres. Nous sentons cette dépendance ·par les besoins auxquels la nature nous a assujettis. Convaincus qu'il ne nous est pas donné de les satisfaire seuls , que le pouvoir que chacun auroit de nuire aux autres , est surpassé de beaucoup par celui que tous ou plusieurs auroient de s'en venger & de s'en défendre ; cette crainte nous donne nécessairement celle de ne pas faire à autrui ce que nous pouvons en appréhender par un juste retour , & de faire pour lui ce que nous voudrions qu'il fît pour nous , lorsque notre situation en réclame les secours.

Le bien géneral & particulier est par conséquent l'effet des actions prescrites par la loi naturelle que Ciceron définit, *Justitia est habitus animi communi utilitate conservatâ , suam cuique tribuendi dignitatem.* C'est à ce grand principe de sentiment & d'expérience que doivent se rapporter toutes les loix qui réglent les differends des hommes & ceux des Sócietés. Qu'on les appelle Droit Romain , Droit Saxon , Droit Lombard , &c. elles ne peuvent avoir d'autre esprit & d'autre objet. C'est aussi avec ce poids & cette balance que nous nous proposons d'examiner ici les interêts qui divisent aujourd'hui les Souverains de l'Europe , de les combiner avec cette vérité & cette justice qui en rendra chaque Citoyen le Juge.

Tros , Rutulusve fuat nullo discrimine habeto.

· Ces principes de la loi naturelle sont établis ici une fois pour toutes , ils sont ces germes précieux qui se dévelopent en nous , indépendemment de nous-mêmes , & cette voix habituelle qui ne fut jamais un langage obscur & misterieux pour tout homme qui tient à l'humanité , ou à quelque société que ce soit. Nous les avons simplifiés , pour que le Lecteur intel-

ligent pût s'en faire une loi de sentiment qu'il appliquera seul,
& sur laquelle il mesurera (sans qu'il soit besoin de la lui rappeller dans la suite de cet Ouvrage) les droits des Prétendans
à la Succession Autrichienne & au Commerce de l'Amerique,
en lui faisant une analyse exacte de ceux de chacune des Parties Belligerentes, & de leurs procedés en consequence ; il en
trouvera essentiellement la balance dans son cœur, c'est lui
que l'on prend pour arbitre, & que l'on va mettre dans la
juste & indispensable nécessité de penser & de dire,

Stat contra ratio, & secretam garrit in aurem.

Envain les Répréfentans des Nations ont fixé les droits de
chacune d'elles, par le Traité de Westphalie & par tous ceux
qui l'ont suivi. La politique qui est presque toûjours la morale
des Souverains, a cherché dans tous les tems à en enfraindre
ou à en éluder les conditions, parce qu'elle est plus consequen-
te à leur jalousie & à leur ambition, qu'au Droit naturel & au
Droit des Gens, qui devroient être la mesure de leurs procedés. Deux objets également importans les arment aujour-
d'hui, sçavoir, la Succession Autrichienne & le Commerce
de l'Amerique. Quoique ces deux questions ayent été déja dif-
cutées par les sçavans Memoires qui ont paru, on nous permettra de dire que dans les uns la vérité est enveloppée sous
des recherches, des faits & des citations qui fatiguent souvent
plus qu'elles n'instruisent ceux qui ne veulent pas se livrer à une
grande attention : dans d'autres, à la place de cette même vérité, on n'y trouve que la passion, l'intrigue & l'humeur qui en
prennent le ton & la marche pour séduire & faire illusion à
ceux qui ne sçavent point les percer. Il y en a enfin où les objets ne sont point assez approfondis, où l'on n'y parle que pour
ceux qui sont les plus prêts du Sanctuaire. Le Public qui n'en
est pas à portée, n'y trouve rien qui le décide. Du précis de
ces differens Ecrits nous ferons ici un tableau racourci de chaque Cour, du Droit & de la conduite qu'elles ont tenue dans
les affaires presentes, nous passerons légerement sur des dé-
tails souvent rebattus.

Une Succession non interrompue de seize Empereurs dans

la Maiſon d'Autriche , en a formé la grandeur & la puiſſance , en leur donnant le tems & les moyens de faire des conquêtes. Ils ont tous ſenti que la Dignité Imperiale n'appor-
toit point par elle-même beaucoup de crédit & de conſidéra-
tion , qu'on ne les meſuroit que ſur l'autorité , les forces &
les richeſſes du Prince qui en étoit revêtu , que de là dépen-
doit ſon 'influence ſur tous ſes Vaſſaux qui forment une République de Souverain toûjours redoutable , lorſqu'elle eſt unic-
à ſon Chef ; que ce Chef ayant droit d'entrer dans tous leurs-
démêlés , par voye de conſeil ou d'autorité, peut s'en rendre
l'arbitre , & les accommoder ſuivant ſes vûes & ſes projets.
Conformément . aux Capitulations Impériales , qui le font
pour ainſi dire , le maître d'interpreter les privileges qui leur
ſont accordés , il eſt donc d'une néceſſité abſolue que les Princes & Etats du Corps Germanique plient ſous cette autorité.
L'Hiſtoire en fournit une infinité d'exemples , la Commiſſion
de Mekelbourg en eſt un de nos jours. Ajoûtons à cela l'a-
vantage de diſpenſer ſeul les graces dans l'Empire , celui d'en
conferer les dignités , & de donner l'inveſtiture des grands
Fiefs , & on jugera aiſément de ſon importante influence ſur
les affaires génerales & particulieres de l'Europe , parce qu'il
n'eſt aucun Souverain qui n'ait néceſſairement avec lui quelques relations d'inţerêts ou de bienſéance. C'eſt en ménageant
tous ces differens moyens , & en les concertant pour ſes interêts , que la Maiſon d'Autriche eſt parvenue par une ſuite
de deſſeins au dégré de puiſſance qui l'a rendue ſi long-tems
abſolue en Europe. Elle a ſouvent tout riſqué pour l'acquérir.
Charles V. y ſacrifia la Religion , & pour diſſiper la Ligue
de Smalcade , il permit aux Proteſtans par le Traité de Paſ-
ſau (pour s'en faire un appui) de former un Corps ſéparé ou
Evangelique , ce qui les mit dans l'Allemagne en état de ba-
lancer le parti Catholique. Cette conceſſion qui ternit ſa gloire , ne produiſit qu'un ſuccès momentané , elle fournit bientôt après aux intrigues de la politique , les moyens de ſemer
la diviſion entre le Chef & les membres que l'interêt de la Religion unit ou déſunit plus que tout autre. Ce fut lui qui arma
le grand Guſtave , & qui cauſa les troubles qui ne furent ter-
minés que par le Traité de Munſter , que l'on regarde comme

le Code politique de l'Europe, dans lequel tous ceux faits jufqu'ici ont leurs fources. Il avoit réglé les droits réels & honorifiques des Puiffances contractantes ; mais la maxime favorite de Charles V. *de joindre à fes grandes forces de nouveaux ennemis pour accabler la France*, a été celle de tous fes Succeffeurs. La confirmation & l'extenfion de l'indépendance de la Hollande, celle de fon Commerce & de celui d'Angleterre, au préjudice de la France & de l'Efpagne ; la Couronne de Pologne dans la Maifon de Saxe, la dignité Electorale dans celle d'Hanovre, les Priviléges rendus à la Hongrie, qu'ils avoient abolis en la fubjuguant, pour l'armer en faveur de fes projets, font les fuites de cette même maxime qui anime encore plus que jamais la Cour de Vienne, puifqu'elle lui fait faire une monopole ouverte des Fiefs d'Empire pour s'acquerir des Alliés.

Le feu Roy Louis XIV. a éprouvé prefque dans toutes les guerres qu'il a foutenues avec tant de gloire & d'avantages pour la France, que la Maifon d'Autriche étoit le grand reffort qui faifoit mouvoir contre fa Couronne les forces de l'Europe conjurée ; ce font ces intrigues qui fomenterent la fameufe Ligue d'Ausbourg qui fut, pour ainfidire, renouvellée en 1702.

L'on fçait qu'après que Charles II. Roy d'Efpagne, eut difpofé de toute cette Monarchie en faveur du Duc d'Anjou, le feu Roy ne balança point, lorfque l'Empereur fit valoir à main armée fes prétendus droits, d'expofer fon Royaume à un danger éminent, principalement pour empêcher que les Royaumes d'Efpagne & des Indes ne tombaffent dans la Maifon d'Autriche. La Cour de Vienne avoit foulevé toutes les autres Puiffances pour prendre fon parti, mais après la mort de l'Empereur Jofeph, elles fentirent que fi l'Archiduc fon frere qui alloit être Empereur, lui fuccedoit encore dans toute la fucceffion Autrichienne, qu'il feroit infiniment plus formidable, que ne le fut jamais Charles V. Ce fut cette crainte qui leur fit reconnoitre le Duc d'Anjou pour Roy d'Efpagne.

Hanc Deus, & melior litem natura diremit,

Cependant fi Louis XIV. n'avoit pas été ferme dans ce jufte & glorieux projet , qui par l'événement intereffoit toute l'Europe , fi pour le foutenir il n'avoit pas facrifié un million d'hommes & un milliard d'argent , fi la Nation n'a-voit pas été révoltée par les outrageantes propofitions de Ger-truidemberg , & qu'accablée d'impofitions , elle n'eût pas fait de nouveaux efforts pour fe prêter à la force des conjonctu-res , l'Europe feroit aujourd'hui entierement fubjuguée par la Cour de Vienne , qui auroit réuffi dans fon projet de la Mo-narchie univerfelle , & qui feule maitreffe des tréfors de l'A-merique , auroit donné des loix à toute la terre. Le Traité d'Utrecht termina tous ces differends aux dépens de la Fran-ce & de l'Efpagne. Cette premiere fi fouvent ébranlée jufques dans fes fondemens par fon ambitieufe rivale , a été autorifée dans tous les tems par la loi naturelle , non feulement à s'ar-mer pour s'en défendre , mais encore à prévenir les coups qu'elle méditoit de lui porter dans la paix la plus folemnelle-ment jurée. On fçait qu'à peine le dernier Traité de Vienne fut figné , l'Empereur négotia avec la Ruffie & l'Angleterre pour faire une alliance formidable contr'elle , que ce Traité dans lequel on follicitoit plufieurs Puiffances du Nord d'en-trer , avoit prefque reçû fa perfection , & qu'il alloit être figné , lorfque la mort furprit le dernier Empereur , la Czarine ne furvêquit que peu de tems à cette époque.

L'Angleterre ne fut point détournée du complot , elle con-tinua à concerter avec la Cour de Vienne l'abaiffement & la ruine de la Maifon de Bourbon. Nous développerons dans la fuite ce qu'elle peut & doit attendre de fa conduite dans la guerre préfente , & fi elle y facrifie autant à l'intérêt de la Nation , qu'à celui du Roi.

La Maifon d'Autriche éteinte avec le dernier Empereur , devoit avoir le même fort que toutes celles qui rempliffent les faftes de l'Hiftoire , qui dès qu'elles n'ont plus eu de Ré-prefentans de leurs noms & de leur gloire , font devenues né-ceffairement l'héritage de ceux qui avoient un droit naturel ou acquis à une fucceffion , ou à une reftitution ouverte.

La Maifon de Bourbon à cet égard étoit fondée en titre , parce que Philippe III. Roi d'Efpagne ceda à Ferdinand &

à ſes hoirs mâles , les droits ſur les Païs héreditaires qui lui ſeroient dévolus par la mort de l'Empereur Mathias , dont il étoit l'héritier naturel , à condition que les filles de la Branche Eſpagnole , dont deſcendent en ligne directe les Rois de France & d'Eſpagne par le mariage du feu Roi Louïs XIV. avec Marie-Thereſe d'Autriche , ſeroient préferées à celles de la Branche Allemande , ſi les mâles venoient à manquer , ce qui eſt arrivé par la mort de l'Empereur Charles VI. Cet Acte , avec les Lettres reverſales , fut ſigné par les Séreniſſimes Contractans le 6 Juin 1617. Il eſt·dans les Archives de Vienne & à Simancas , où ſont celles d'Eſpagne. Audifret , dans ſa Géographie ancienne , moderne & hiſtorique , édition de Hollande 1694. tom. 3 , pag. 101 , parle de cet Acte ſecret , ſuivant lequel le dernier Empereur n'étoit que Fidei-commiſſaire de toute cette Succeſſion , puiſqu'il contenoit expreſſément une ſubſtitution mutuelle ; ce fut même en conſéquence que Charles II. appella à ſa Succeſſion le Duc d'Anjou comme deſcendant de la Branche femelle Eſpagnole. Toute l'Europe a reconnu , conſenti & ratifié ce droit par le Traité d'Utrecht.

Mais la France accoutumée à ceder ſes droits les plus précieux pour le bien général , ne s'eſt armée que pour faire valoir celui de l'Electeur de Baviere aujourd'hui Empereur , dont les juſtes prétentions ſont fondées ſur le Teſtament de Ferdinand I. qui en qualité de Proprietaire incommutable de toute la Succeſſion en queſtion , pouvoit par les loix naturelles & civiles en diſpoſer. Il le fit en faveur de ſes fils , & leur ſuſtitua , au cas qu'ils mouruſſent ſans enfans mâles , l'Archiducheſſe Anne ſa fille aînée , née Reine de Bohème & de Hongrie , qui épouſa le Duc Albert de Baviere ; & par ſon contrat de mariage , dans lequel elle procede de l'autorité de l'Empereur ſon pere , & du conſentement de Charles V. ſon oncle , qui en ratifia les clauſes , elle s'eſt réſervée tous ſes droits de retour à la ſucceſſion paternelle , ce qui fut encore confirmé par l'Empereur dans ſon Codicile. Celui d'aujourd'hui la répreſente comme ſon deſcendant en ligne directe : donc par toutes ſortes de loix il doit hériter de ce que cette Princeſſe auroit , ſi elle étoit vivante.

Ces Actes font des Pragmatiques Sanctions plus folemnelles que celle fur laquelle la Cour de Vienne fe fonde,
elles font la volonté fuprême de deux Empereurs maitres
abfolus de difpofer de ce qui leur appartenoit en fouveraine
& paternelle propriété, & qui n'a été tranfmis à l'Empereur dernier mort qu'à titre de Fidéi-commis, ou de Subfti-
tution. Par là il n'avoit aucun droit de changer & d'abroger
des difpofitions que la conduite qu'il a tenue, prouve qu'il
regardoit lui-même comme irrévocables. Si la Succeffion
indivifible qu'il a voulu établir dans fa Maifon, avoit été
conforme aux anciens droits & Pactes fucceffoirs que l'on
y veut fuppofer ; fi, comme le foutient la Cour de Vienne,
elle lui étoit dévolue par les Loix divines, naturelles & civiles, pouvoit-elle avoir des garans plus fûrs & plus ref-
pectables à toute l'Europe ? Et qu'avoit befoin le feu Empereur que les Puiffances le fuffent encore de l'exécution de
fa Pragmatique Sanction ? Les Souverains qui ont un droit
acquis & conftaté fur leurs Etats, n'ont jamais pris ces précautions pour les faire paffer à leurs defcendans, il n'y en
a pas d'exemple dans l'Hiftoire, & l'on pourroit dire ici,
nimia precautio dolus.

Les interprétations forcées que la Cour de Vienne a don-
nées aux Teftament & Codicile de l'Empereur Ferdinand I.
& au contrat de mariage de l'Archiducheffe fa fille, ne pour-
ront jamais prévaloir aux yeux de la juftice & de la verité
contre les claufes expreffes & folemnelles qui appellent la
Maifon de Baviere à cette fucceffion, non plus que les prétendus privileges que cette même Cour allégue en fa faveur ; elle n'en a point d'autres que celui que lui a donné
Charles V. en explication de celui qu'elle tient de Frederic
Barberouffe, qui ne fait pas mention des Royaumes de Bohê-
me & de Hongrie, puifqu'ils n'étoient pas encore fous fa domination, mais feulement du Duché d'Autriche pour lequel, dans
le cas d'une fubftitution ouverte, il préfere expreffément la
plus ancienne Fille de la Famille, & non pas celle du dernier Poffeffeur. En voici les termes pris dans le Texte origi-
nal : *Et fi Dux Auftriæ (quod Deus avertat) fine hærede Fi-
lio deceffiet, idem Ducatus Auftriæ ad feniorem Filiam quam
reli querit*

reliquerit , revertatur. Les plus célebres Jurifconfultes n'ont jamais balancé fur cette queftion. Betfius la décide ainfi , & Lu-
dolph dans fon Traité des Femmes illuftres pag. 2. ch. 19.
lett. 1. m. 24. en donne une démonftration en faveur de
l'efpece préfente , qui a été jugée de même , lorfqu'il fut queftion de la Succeffion de la Maifon d'Orange.

L'Empereur Charles VI. en étoit fi convaincu , qu'il ne
demanda la garantie en faveur de fa Pragmatique , que fous
la réferve qu'il n'entendoit pas que cet Acte fît tort à qui que
ce foit. L'Empereur regnant , qui vit combien il bleffoit fes
droits , protefta contre par fon *Votum* qu'il rendit public. La
renonciation de l'Archiducheffe fon Epoufe à fes prétentions
fur cette fucceffion , qu'il autorifa & confirma lors de leur
mariage , ne donne aucune atteinte aux fiens , il n'en fut pas
queftion. Peut-on d'ailleurs une reconnoiffance plus forte &
plus autentique de la part de la Cour de Vienne , du droit des
Archiducheffes Jofephines , que la renonciation qu'elle en
aexigée de leur part ?

La garantie de la France inferée dans le dernier Traité de
Vienne , fe fit conféquemment à l'efprit & à l'intention de
Charles VI. qui avoit déclaré que cet Acte ne portoit aucun
préjudice à qui que ce foit, c'étoit *conditio fine quá non* : c'eft
dans cette fuppofition qu'elle fut ftipulée ; mais dès qu'elle porte fur un Acte reconnu après par ceux qu'on a découverts , &
qui font publics , pour être contraire aux loix divines , naturelles & civiles , elles font un devoir de droit-étroit & ab-
folu d'en enfraindre l'exécution , parce qu'en tout état de caufe il eft toûjours permis de retourner fur fes pas , pour ne
point dépoüiller un tiers. L'Empereur Léopold le décida ainfi dans fon Manifefte , où il eft dit : *Aucune perfonne , foit Roi ,*
foit membre de la Famille Royale , foit peuple , ne doit , ni ne peut ,
fous prétexte quelconque , enlever malgré lui à celui qui refte de la
Famille Royale , un droit qui lui eft dévolu par des premieres con-
ventions, & lui ôter des efperances qui lui font acquifes par fa naif-
fance. C'eft la Maifon d'Autriche qui prononce en faveur de celle
de Baviere ; elle a ratifié fon droit en réalifant , du confentement de fes Alliés , ceux des Rois de Pruffe & de Sardaigne.
L'on ne rappellera point ici tous les autres griefs de l'Empe-

reur contre la Cour de Vienne. Qu'elle ait protefté & refufé
de le reconnoître , fous prétexte que le fuffrage Electoral de
Bohème n'avoit pas été donné lors de fon élection, c'eft un
moyen qui bleffe la majefté du haut Collége qui a élu unani-
mement l'Electeur de Baviere & conféquemment à la Bulle
d'Or. Il eft inconteftable en fait & en droit que l'effence du
fuffrage Electoral eft d'être indivifiblement paffif & actif, &
qu'une Reine de Bohème ne pouvant être élûe , elle ne peut
par conféquent élire. Privée de ce droit , en même tems réel
& perfonnel , elle ne peut donc le communiquer au Prince
qu'elle affocie à la fuprême puiffance fous le nom de Corré-
gent : il n'y en a pas d'exemple en Empire.

Mais à fuppofer que c'eût été une queftion préliminaire à
décider, qui en avoit le pouvoir, finon le haut College
qui dans cette partie eft le fouverain Legiflateur & Inter-
prete , dont la décifion foumet abfolument tous fes Membres ?
Qu'a-t-il ftatué fur cette prétendue conteftation ? que le Suf-
frage Electoral de Bohème feroit fufpendu pour cette fois
fans y donner atteinte , & que fon activité ne lui feroit
rendue, que lorfqu'il feroit éxercé par quelqu'un habile à le
faire valoir.

Ceux de Bergues, Juliers & Cleves l'ont été de même
par un Decret de la Diette pendant un fiecle , & jamais
aucun des Prétendans n'a imaginé de protefter contre. L'on
s'épargnera auffi la difcuffion des Ecrits indécens que la Cour
de Vienne a portés à la Dictature de la Diette de Francfort, dont elle a attaqué la légitimité. Cette Diette fubfifte
depuis 1662. qu'elle fut convoquée par l'Empereur Léopold ,
fon activité n'a été qu'interrompue par le décès de Charles
VI. comme elle l'a été ci-devant par celui de fes Prédeceffeurs ; elle ne pouvoit être réhabilitée que par celui qui fuccedoit ; ce droit , fuivant les Conftitutions fondamentales &
l'ufage invariable de l'Empire, eft réfervé à l'Empereur feul.
S. M. I. regnante n'a donc pas plus convoqué une Diette
nouvelle , que ceux qui l'ont précedé , l'ont fait depuis que
celle-ci exifte. La Cour de Vienne en a été fi convaincue,
que durant l'interregne, on avoit crû devoir légitimer de
nouveau fon Ambaffade à cette même Diette ; elle a été &

est encore aujourdhui tenue pour légitime, puisque c'est par
elle que l'on fait porter les Ecrits que l'on notifie : cependant lorsqu'il n'y a pas de Diette, il n'y a pas de Directoire,
& on ne peut par conféquent proceder à la légitimation des
Ambaffadeurs & Miniftres Etrangers : donc la Diette n'a
pas entierement ceffé, & qu'il n'y a eu que fon activité fufpendue, dans laquelle elle a été réhabilitée, lorfqu'il y a eu
un Chef qui en a feul le privilege.

Mais c'eft trop infifter fur des faits & des droits inconteftables, & reconnus & avoués par la Cour de Vienne ellemême, qui par fa conduite fait de la caufe de l'Empereur,
celle de la liberté Germanique, de la Juftice & de la Paix.

Pourquoi a-t-elle fait partir la Reine d'Hongrie des
voyes fimples d'un droit qui étoit contractuel en apparence,
& qui ne fut jamais légal, comme nous l'avons démontré ?
Pourquoi l'avoir fait fortir des motifs & des bornes d'une
défenfe qui auroit pu paroître naturelle, & qui lui auroit peutêtre valu autant d'avantages que de gloire ? La plus augufte naiffance, la jeuneffe, la beauté & toutes les hautes
vertus avoient fait de l'interêt de cette Princeffe, celui de
tout homme fenfible, elle étoit devenue après la mort de
Charles VI. la Pupile de l'Europe, dont elle avoit la véneration & les fuffrages. Attendrie fur elle, l'auroit-elle délaiffée dans fes malheurs qui faifoient dire au Public :

Sola Divûm tantas fervabat Filia fedes
Et genus, & folium.

Le fentiment que l'on doit à une fituation qu'elle rendoit
refpectable par cet Héroifme qui caracterife la Femme forte,
n'auroit-il pas pris fur la juftice qui ne parloit point pour
elle, fi fon Confeil l'avoit montrée moins ambitieufe ? Quelle
victoire lui a-t-il fait remporter jufqu'ici ? Elle n'a eu que
quelques fuccès momentanés, qu'elle doit plus aux fautes que
l'on a pû faire, qu'à fa conduite ; fautes toujours inféparables des entreprifes concertées avec plufieurs Alliés, &
dans lefquelles il faut plus d'un Agent, dont les interêts &
les vûes particulieres, l'humeur, la façon de voir & de

manier les objets, ne fe concilient pas toûjours affez & à
tems pour arriver au but, qui avec tout cela eft le même
en géneral & en particulier. On ne les a fait mettre à profit à cette Reine, que pour la faire paroître dure & inflexible
envers ceux qui femblolent être affoiblis, & pour l'abbaiffer
devant ceux qui devenoient les plus forts. On lui a fait envahir,
ravager & retenir la Baviere, renouveller à l'Empereur & à la
France les propofitions outrageantes de Gertruidemberg, &
rejetter avec hauteur celles qui lui ont été faites depuis, quoique
infiniment avantageufes, & telles qu'elle voudroit bien aujour-
d'hui les accepter. On lui a fait armer des Nations que fa
politique devoit toûjours laiffer dans l'ignorance de leurs forces & de leurs reffources. On lui a fait céder fes Provinces
les plus précieufes, & faire le même trafic des Fiefs d'Empire.
Enfin on lui a fait prendre dans fes Ecrits & dans fes pro-
cédés, le ton & la marche du Tyran de l'Allemagne & de cette
coupable indépendance dont fes Ancêtres ont puni fi fouvent
& fi féverement jufqu'aux foupçons. A tous égards on l'a portée à parler & à agir conféquemment à cette politique dan-
gereufe, qui a toûjours été l'ame de la Cour de Vienne, &
celle de fes Empereurs, & qui pourroit faire penfer à toute
l'Europe que,

Nec imbellem feroces progenerant aquilæ columbam.

Le Roi de Pruffe fut le premier à offrir à cette Princeffe
une main génereufe qui ne s'eft armée, que lorfqu'on eut refufé conftamment de faire droit fur fes prétentions. Ce Mo-
narque s'eft crû obligé de le faire encore pour venger la majefté & la liberté de l'Empire trop long-tems outragées. Avant
que d'en venir à cette derniere & folemnelle démarche, il a
expofé à la Diete affemblée les griefs de l'Empereur & ceux
du Corps Germanique, comme Rome autrefois portoit ceux
de la Républi   au College des Féciaux compofés des Jurifconfultes politiques, qui étoient les féveres arbitres du droit
de la guerre & de la paix, afin de décider fi on demanderoit
publiquement juftice & fatisfaction, *ut res darentur, folveren-
tur & fierent*, ce qui fignifioit la reftitution des chofes injuf-

tement occupées. On a sollicité vivement la Cour de Vienne d'écouter des propositions qui n'étoient que trop avantageuses pour elle : on lui a offert la médiation de l'Empire & même celle de ses Alliés. Toute l'Europe sçait que S. M. I. chargea un Prince qui a sa confiance, de porter des paroles de paix au Ministre de la Cour de Londres à Francfort, à des conditions qui sacrifioient son interêt & même sa gloire, à son amour pour la Patrie; que ce Ministre qui sçavoit que le Traité de Worms étoit sur le tapis, tira en longueur sous differens prétextes, jusqu'à ce qu'enfin ce Traité étant consommé, il se démasqua, & rompit les Négociations ausquelles il avoit feint de se préter d'abord; que le Roi de Prusse infatigable dans son zéle pour le bien public, & dans son attachement à la justice & à l'Empereur, les renouvella par son Ministre à la Cour de Vienne; que tous ses soins & ses empressemens pour la paix y furent inutils, & qu'enfin le Fécial fut obligé d'y déclarer de sa part que, *omnia se ritè executum, & si velint bellum decernere, licere id per Deos.* Ce déni de Justice est un des plus légitimes motifs d'une Déclaration de guerre. Le Roi de Prusse en avoit averti long-tems auparavant la Cour de Londres par son Ministre, & il a mis sa conduite à cet égard dans un jour qui autorise & rend à jamais mémorable sa juste & noble entreprise en faveur de l'Empereur & de l'Empire.

Quel plus éclatant exemple, quelles circonstances plus heureuses le Corps Germanique attend-il donc pour se déclarer contre ses oppresseurs ? Accoûtumé depuis long-tems à plier sous le joug de la Maison d'Autriche, son ombre le fait-il encore trembler ? Et cet Empire, qui se compare à celui de l'ancienne Rome, qui comme lui ne voit presque que des Rois & des Souverains au rang de ses Citoyens, n'en aura-t-il pas les vertus ? Souffrira-t-il plus long-tems la destruction de ses priviléges ? Ne sortira-t-il pas de dessous ses ruines, pour les faire réhabiliter ? Se verra-t-il toûjours la proye des Nations ? Jaloux du maintien de ses loix, en recevra-t-il des Puissances étrangeres ? Seront-elles les arbitres de son sort ? Craint-il encore la Cour de Vienne, & son Conseil Aulique établi par l'ambition, soutenu par le despotisme, dont

ſes Membres qui réclamoient envain leurs Priviléges , & la
Chambre de Vetzlaer qui en étoit la protectrice , ont été ſi
ſouvent la victime ? Quel plus preſſant motif pour l'unir & le
concerter avec ſon Chef , que ſon devoir , ſa liberté & ſa gloire ? Sera-t-il diſtrait de tant d'interêts ſi précieux pour lui ,
en voyant deux de ſes Membres livrés à la Cour de Vienne ?

L'Electeur de Saxe avoit d'abord pris le parti de l'Empereur , mais le ſouvenir de la Couronne qu'il doit à la Maiſon
d'Autriche , l'eſperance de la faire tomber à ſon Fils , la crainte ,
contre laquelle on ne raſſure guere , au cas qu'il ne reſtât un
jour que la Saxe dans ſa Maiſon environnée de toutes parts
de Puiſſances formidables , les convenances qu'il n'a pas trou-
vées ſans doute dans ce qu'il comptoit retirer de la Succeſſion
en queſtion , les vûes particulieres de ſon Conſeil , peut-être
plus encore l'intrigue d'une Cour qui prodigue tout pour s'acquerir des Alliés , ont-elles fixé les irréſolutions dans leſquelles
il a paru être depuis le Traité de Breſlaw. Ce qui vient de ſe
paſſer à la Diete de Grodno & dans le Senatuſconſilium qui l'a
ſuivi , pourroit nous faire tirer ici bien des conjectures , mais
nous ne combinons que des faits publiquement conſtatés , pour
qu'on puiſſe juger avec connoiſſance de cauſe.

Que la Cour de Londres porte le flambeau de la diſ-
corde & de la guerre du Nord au Midi ; que jalouſe de do-
miner ſur Terre , comme elle affecte de le faire ſur les Mers ,
elle entreprenne de tout confondre & de tout ſéduire pour ſer-
vir ſes ambitieux projets , eſt-ce une raiſon de la craindre &
d'en être ſeulement étonné ? elle ne fera illuſion qu'à ceux qui
n'approfondiront pas ſa ſituation & ſes interêts. Accoûtumée
à faire des dupes de tous ſes Alliés , & à l'être ſouvent elle-même
de ſes paſſions , éclairons-la , en dévelopant à la face de l'Europe , les reſſorts de ſa politique à laquelle nous oppoſerons
la foi des Traités avec la juſtice & la vérité de la conduite
des Cours , qu'elle voudroit faire paſſer pour ennemie du bien
géneral & particulier.

On connoît depuis long-tems ſes laiſons étroites avec la
Cour de Vienne ; les avantages immenſes qu'elle a tirés pour
ſon Commerce , en ſont les fruits. Elle a acquis par là le pri-
vilége deſtructif de celui de la France & de l'Eſpagne. La

Convention de 1715. à l'abri de laquelle elle a fait pendant trente ans une contrebande ouverte , qui lui a rapporté des millions , Gibraltar & Port-Mahon retenus , le Port de Dunkerque démoli , font les faveurs de l'union de ces deux Cours.

Le Roi d'Angleterre regnant doit la Dignité Electorale , qui eft dans fa Maifon , à celle d'Autriche ; il étoit Allié du feu Empereur , & il faifoit avec lui , comme nous l'avons dit , un Traité qui avoit prefque reçû toute fa perfection , lors de la mort de ce dernier.

L'Angleterre qui tiroit toute fa force & fa puiffance de la Cour de Vienne , s'eft fentie intereffée (pour n'en rien rabattre) à garantir la Succeffion indivifible dans la Maifon d'Autriche , & à tout facrifier pour un objet qui faifoit fa fûreté. Mais malgré fes efforts , elle en a vû fortir la Dignité Impériale , qui lui donnoit tant d'influence dans les affaires génerales & particulieres. Elle en a vû démembrer des Provinces héreditaires, dont elle-même a garanti la poffeffion à ceux aufquels elles ont été rétrocedées par fon organe. Elle a vû que la gloire du Prince Charles , qui dans une feule Campagne lui avoit fait traverfer le Rhin & l'Elbe , a été précedée de la conquête des principales Places-barrieres de Flandre , & fuivie de la prife du Brifgaw , des Places de l'Autriche antérieure & de toute la Baviere ; que l'armée Efpagnole a affermi le Roi de Naples fur fon Trône , & ruiné l'armée Autrichienne ; que Dom Philippe s'eft emparé de la Savoye , & qu'enfin le Grand Conti a fait trembler l'Italie , dont il s'eft ouvert & préparé les routes en Vainqueur & en Héros , & dans laquelle il auroit pénetré , fi , comme Annibal , il n'avoit eu que des hommes à combattre , & des rochers efcarpés à franchir. Tous ces grands fuccès font en partie l'ouvrage de la premiere Campagne d'un Roi qui avoit confacré jufqu'ici fon repos à la juftice & à la paix. A vûe de ce qui s'eft paffé , on pourroit lui appliquer ce que dit le Prophete Roi : *Exurgat Deus , & diffipentur inimici ejus.*

Qu'eft-ce qui ignore que le Commerce de la Grande Bretagne ne foit tombé dans le difcrédit ; que toutes les grandes Expeditions pour lefquelles elle avoit armé des Flottes confiderables , ont été inutiles ; qu'une de fes plus formidables Efcadres est rentrée dans ses Ports sans succès, après en être sortie trois fois en 1741. sous le commandement de l'Amiral Noris; que l'Amiral Hadok n'a pas eu plus d'avantages dans le Détroit & la Meditéranée où il a croisé, & que l'Amiral Vernon qui avoit medité la conquête de Carthagene, ou celle de l'Isle de Cuba, y a échoué après avoir démoli tous les Forts qui couvroient cette Ville, & détruit les Vaisseaux Espagnols qui y étoient. Le Roi d'Angleterre caractérisa cette Expedition, en disant que *c'etoit casser des vitres avec des Guinées.*

Mais reprenons les choses d'un peu plus haut pour déveloper les motifs de la guerre entre l'Espagne & l'Angletere. On a pris envain les plus sages précautions par le Traité de Westphalie, & par ceux qui l'ont suivi pour régler les affaires de l'Amerique. Entre les Puissances qui y ont des Possessions & un Commerce, on n'a pû parvenir encore à fixer celui des Anglois, ni empêcher la contrebande & le brigandage ouvert qu'ils ont fait par le moien du Vaisseau de l'Assiento & des Interlopes. Il étoit naturel de rendre leurs Vaisseaux allans & venans de l'Amérique; & s'écartant des routes convenués & prescrites, sujets à la visite des Espagnols, ils se sont soulevés contre une chose autorisée par le Droit des Gens, ils se sont portés en conséquence à des horreurs qui font fremir l'humanité. La Convention signée au Pardo en 1739. entre les Rois d'Espagne & d'Angleterre, étoit pour rendre justice sur les griefs respectifs des deux Nations; le Parlement de Londres y souscrivit, mais les Anglois la rejetterent & forcerent la Cour à en trahir la foi, en faisant publier des réprésailles contre les Espagnols, & faisant avancer leurs Flotes à Gibraltar pour les favoriser; une Déclaration de guerre entre les deux Couronnes en fut la suite, & si la Flote Angloise se fût rendue maîtresse de Carthagene, il n'y auroit absolument plus de Commerce en Amérique pour la France & pour l'Espagne.

La juste crainte que la Grande Bretagne ne se remette en situation d'entreprendre un si funeste projet, fait nécessairement une maxime d'Etat de lui en ôter les moiens: il n'en est que deux; l'un, de démembrer les forces de la Puissance qui étoit toujours prête de se concerter avec elle pour accabler la Maison de Bourbon; l'autre, de ne plus prolonger la

Concession

Conceſſion de 1715. de reſtraindre abſolument leur Commerce dans de juſtes bornes, & d'aſſujetir leurs Vaiſſeaux, quelsqu'ils ſoient, de charger & décharger à Cadix qui eſt le Comptoir de l'Europe, & de les ſoumettre aux mêmes Loix, que ceux qui ſont deſtinés aux Gallions ; de leur faire reſtituer Port Mahon & Gibraltar conformément aux Traités, puiſque c'eſt par là qu'ils ſe rendent maîtres des deux Mers ; enfin d'avoir pour principe & pour maxime, celle de Ciceron à Atticus reconnue par l'experience, *qui mare teneat, eum neceſſe rerum potiri.*

La Grand'Bretagne en 1741. déchirée par des factions & des guerres inteſtines, épuiſa ſans ſuccès ſes forces & ſes reſſources contre l'Eſpagne. La forme de ſon Gouvernement ne lui permettra jamais d'être ſans fermentation au dedans, ſon Peuple eſt auſſi orageux, que la Mer qui l'environne ; il prend ombrage de tout, il veut un Roi toujours Citoien, & le Citoien eſt toûjours agité par des paſſions violentes : ſon Parlement n'eſt preſque jamais unanime dans ſes volontés, ſes deſſeins & ſes déciſions, parce qu'il eſt compoſé de pluſieurs Societés dont les interêts différens ſe multiplians à l'infini, peuvent exciter à chaque inſtant ces révolutions qui embraſent tout, & ne reſpectent pas les Droits les plus légitimes & les plus ſacrés.

Les Chambres aſſemblées au mois de Janvier, 1742. demanderent au Roi de leur juſtifier de l'emploi des Subſides, & la communication des Ordres qu'il avoit donnés aux Troupes de Mer & de Terre, pour juger ſi ce qu'elles avoient fait, répondoit à leurs intentions ; elles voulurent auſſi avoir copie des correſpondances avec les Cours de France, de Berlin & de Vienne ; enſuite elles examinerent les raiſons pour leſquelles la guerre contre l'Eſpagne n'avoit pas été pouſſée avec vigueur, puiſque ſuivant la faſtueuſe Harangue du Roi, il avoit paru juſte & néceſſaire de le faire. Mais l'interêt le plus cher de ce Prince, n'étoit pas celui de la Nation ; en vain exigeoit-elle que ceux qui étoient attachés à la Cour par des penſions ou autrement, fuſſent exclus de la Chambre des Communes ; en vain celles-ci s'oppoſerent-elles ſouvent à l'entretien des Troupes de Terre en tems de Paix, & depuis la guerre à celui des Troupes Hannovriennes & autres Etrangeres, qu'elles

C

regardoient comme une vaine parade, inutile à l'interêt & à
la gloire de l'Etat. Ce n'étoit point le deſſein du Roi, dont la
maxime & la régle ſont les mêmes que celles du feu Roi Guil-
laume qui, à l'exemple de ces Chefs de l'ancienne Rome,
pour parvenir à ſe rendre maître de la République, ne
reſpiroit que la guerre, pour diſperſer au dehors des forces & amaſſer des tréſors, qui, s'ils avoient reſtés au dedans,
auroient contrebalancé ou retardé la marche de ſes ambitieux projets. Le Roi d'Angleterre, pour réüſſir par degré
dans l'exécution des ſiens, ſigna une Tranſaction à Hannover
avec la Reine de Hongrie, le 24 Juin 1741. pour confirmer
leurs engagemens réſpectifs, ſtipulés par leurs précedens
Traités. Le 29 Nov. 1742. il en fit un autre à Berlin avec
le Roi de Pruſſe, par lequel pluſieurs articles de celui de
Breſlau furent ratifiés ; l'alliance défenſive entre les deux Rois
y fut ſignée ; celui de Pruſſe y promit des Troupes à la ſolde
d'Angleterre, à condition néanmoins qu'elles ne ſerviroient
pas contre l'Empereur. Par le diſcours du Roi de la Grande Bretagne au Parlement du premier Juillet 1743. on dé-
couvroit aiſément qu'en remerciant les Chambres des Subſides qu'elles lui avoient accordés, il vouloit les préparer à de
nouveaux, pour former, diſoit-il, des Alliances telles qu'il ju-
geroit à propos pour le bien de la Cauſe ; & par les Con-
férences qu'avoit alors M. Flemming Envoié de Saxe, avec
les Miniſtres, on comprit que les alliances dont il étoit queſtion, étoient celle avec la Saxe, qui vient d'être comſomée.

On ſçait les mouvemens que ſes Miniſtres à la Cour de
Ruſſie ſe ſont donnés pour l'engager dans ſon parti. S'il étoit
permis de diſcuter ici, & d'approfondir ce qui eſt arrivé aux
Ambaſſadeurs de deux Couronnes auprès de la Czarine, on
pourroit peut-être percer les intrigues qui ont tant fait de
bruit en Europe ; mais laiſſons ces objets trop critiques, pour
donner un tableau de la Cour, où ſe ſont jouées ces ſcènes
qui ont fait un éclat qui n'annonçoit guere ce qui l'a ſuivi.

La Ruſſie, par une ſuite des vaſtes deſſeins du Czar Pierre
le Grand exécutés par degré, eſt devenue une Puiſſance
formidable dans le Nord, dont l'alliance peut être importante
dans certaines conjonctures. Son Empereur, après l'avoir tirée

du cahos & de la barbarie où elle étoit, en connut les forces par les glorieuses épreuves qu'il en fit contre Charles XII. Roi de Suede. Le Traité de Neustat lui assura ses conquêtes sur cette Couronne ; son Alliance avec les Anglois lui ouvrit des voies pour son Commerce qui avoit languit jusques là ; jaloux & en état de jouer un grand rôle dans les affaires génerales & particulieres de l'Europe, il forma plusieurs projets d'Alliance dont l'exécution a été réservée à ses Successeurs, qui se sont particulierement attachés à la Maison d'Autriche. On sçait leurs Traités avec elle, & ce qu'ils ont produit. La Cour de Vienne les a renouvellés sous la Régence de Pierre II. mais la révolution qui survint bientôt après, mit sa politique en défaut ; cependant l'Angleterre a fait un Traité avec l'Imperatrice regnante, qui lui promet dix mille hommes à sa solde pour la Campagne prochaine. Le feu Roi de la Grande Bretagne soutint les vastes projets du Czar Pierre le Grand, par une Déclaration de guerre, en envoyant plusieurs Flottes dans la Mer Baltique, pour se procurer deux avantages considerables ; l'un, en forçant la Suede d'abandonner aux Moscovites la Carelie, l'Ingrie, l'Estonie & la Livonie, pour rendre inutile à la France l'Allié fidéle qu'elle avoit dans le Nord, & l'empêcher par son abaissement, de faire des diversions en sa faveur dans l'Allemagne ; l'autre, étoit de procurer au Czar des débouchés pour commercer une grande quantité de ses denrées, qui jusqu'alors lui avoient été infructueuses, afin de captiver par là sa bienveillance, en apauvrissant en même tems la Suede, chez qui les Anglois les prenoient auparavant.

Les Traités particuliers de la Cour de Londres avec le Dannemark, au sujet du passage du Sund & du Commerce de la Mer Baltique, sont aussi connus ; ils ont encore été resserrés par le mariage qui vient de se contracter entre ces deux Couronnes. Le Roi de Suede qui a accedé à la Ligue de Francfort, en qualité de Landgrave de Hesse & de Duc de Pomeranie, auroit dû décider celui de Dannemark à en faire autant par rapport au Duché de Hollestin-Slesvig ; mais son Alliance avec le Roi d'Angleterre s'y est opposée. On trouve cette Cour sacrifiée par tout à celles qui veulent entrer dans fa paffion : ce n'eft point affez pour elle de remplir le Nord de fes intrigues, & d'y prodiguer fes tréfors, elle les porte encore dans le Midi. Que n'a-t-elle point tenté dans le Royaume de Naples, pour le foulever contre fon Souverain, dans les Républiques de Venife & de Genes, pour les féduire ou les intimider ? Ne foutient-elle pas feule les armées Autrichiennes en Italie, & celles de Sardaigne en Piedmont ? N'a-t-elle pas mafqué pendant deux ans les Ports de France dans la Méditeranée, où elle a confumé fon Efcadre fans fuccès, après avoir infulté & attaqué par tout celles de France comme dans une guerre ouverte.

Tant d'outrages & de griefs multipliés, ont laffé la patience de cette Couronne qui s'eft enfin déclarée contre elle pour arrêter fes violences, & réprimer fon ambitieufe audace qui n'eft fondée que fur un fpécieux prétexte canonifé par Machiavel, & fes Sectateurs, mais profcrite par Grotius & tous ceux qui reconnoiffent le Droit naturel & le Droit des Gens. Voici comme s'en explique l'Auteur, De jure Belli & Pacis. *Illud verò minimè ferendum eft quod quidam tradiderunt, jure gentium arma rectè fumi ad imminuendam potentiam crefcentem quæ nimium aucta nocere poffet... Ita vita humana eft ut plena fecuritas numquam nobis conftet ; adverfus incertos metus, à divinâ providentiâ, & ab innoxiâ cautione, non à vi præfidium petendun eft.*

C'eft en prenant le contrepied de ce fage, & falutaire confeil du Legiflateur des Nations, que les Machiavels Anglois portent par tout l'orage, & fonnent, pour ainfi dire, le tocfin fur la France, comme fi dans l'affaire préfente cette Couronne penfoit à s'agrandir. C'eft avec leurs fauffés & pernicieufes maximes qu'ils font adopter le plan de travailler à la réduire dans fes anciennes bornes. Le Miniftere étala ce grand projet dans un Ouvrage volumineux qu'il dicta à un Ecrivain livré à fa paffion, & qui emporté par des fpéculations ambitieufes & chimériques, débitoit avec affurance que l'on feroit aidé par la Reine de Hongrie, le Roi de Sardaigne, la Saxe, la Czarine, la Pologne, la Hollande & plufieurs des Membres d'Empire, entre lefquels il comptoit le Roi de Pruffe. Il faifoit enfuite un détail de ce que chaque Confedéré fournissoit pour l'exécution ; cette Armée, selon lui, devoit être compofée de plus de trois cens mille hommes des meilleures Troupes de l'Europe, qu'il faifoit marcher en Flandres & en Alface, où on ne devoit trouver que de la Milice & des Régimens abimés pour défendre ces Païs ; enfin fon imagination déreglée réalifoit toutes ces grandes forces, & élevoit déjà des Trophées pour les fuccès qu'elles devoient opérer : il s'eft trouvé qu'il avoit raifonné comme Picocrole, qui portant par tout à fon gré des Armées formidables, par le moyen defquelles il comptoit s'acquerir une domination immenfe fur des Nations remplies de la terreur de fon nom, mourut enfin de *malrage*, comme dit Rabelais, qui raporte les réveries de ce perfonnage infenfé.

L'Auteur de ce grand projet n'avoit garde de dire dans fon Ouvrage, quelle feroit la Puiffance Alliée qui païeroit les Troupes de la Reine d'Hongrie & celles du Roi de Sardaigne, qui n'ont de reffources dans leurs Païs, que pour ce qu'il leur faut à peine en tems de paix ; il taifoit auffi où l'on devoit prendre de quoi fatisfaire & acquerir ces Membres d'Empire, qui ne connoiffent pour la plûpart que l'interêt pécuniaire, & qui trafiquent & louent leurs forces comme ceux que la nature y affujettit par état, fans s'embaraffer de l'ufage que l'on en doit faire.

Virtus poft nummos, quærenda pecunia primum eft.

Il faifoit embarquer les Mofcovites, paffer par le Sund & débarquer à Oftende, fans dire non plus quel en feroit le vehicule, ni où il feroit pris, malgré la certitude où étoit l'Europe, que le Roi de Pruffe menaçoit la Cour de Vienne de fe déclarer pour l'Empereur, fi elle refufoit des propofitions de Paix, pour lefquelles on l'a follicitée pendant plufieurs mois, qui avoient été concertées à Hanau, & portées à Vienne fous les yeux & à la connoiffance des Miniftres Anglois ; malgré, dis-je, qu'il fût public à la Diete de Francfort, que ce Prince vouloit abfolument rétablir la liberté & la Paix de l'Empire, en foutenir le Chef de toutes

ſes forces, & s'oppoſer ouvertement à ce qu'on n'en démem-
brât aucuns Fiefs en faveur de qui que ce fût ; le Miniſtre
Anglois eut la coupable audace de le compter au rang des
Conféderés, pour en impoſer à ſa Nation, & la rendre
complice de ſon monſtreux ſiſtême.

Qu'elle doit être humiliée aujourdhui, cette Nation, du peu
de ſuccès que ſes Armées combinées ont eu en Flandre, où
elles ont été tenues en échec par des forces bien inferieures
aux leurs ! Elles n'ont approché des Frontieres de la France,
que pour voir qu'elles avoient été étendues, loin d'avoir
été reſtraintes, comme on s'en étoit flatté, Cette Conquête
chimérique de l'Alſace & de la Loraine, s'eſt réduite à huit
lieües de Païs environ où l'Armée Autrichienne eſt venue ſub-
ſiſter pendant quelques ſemaines, & qu'elle a été forcée d'a-
bandonner, ſans quoi elle auroit été témoin du glorieux avantage que la France a eu de s'emparer de l'Autriche antérieure pour l'Empereur, & de faire enſuite cantonner ſes
Troupes à portée des opérations qu'elle médite.

En faut-il davantage pour convaincre l'Europe, & l'Angleterre en particulier, qu'elle a été juſqu'ici la dupe de ſes
Miniſtres, & qu'elle pourra en être la victime ? Quel ſujet n'au-
rôit-elle pas de dire ? *Ecce hic poſitus eſt in ruinam multorum.*
Envain ſon premier & ſon unique objet étoit de pouſſer la
guerre contre l'Eſpagne, pour étendre & proteger ſon Commerce ; les aſſurances que le Roi lui donna à ce ſujet en plein
Parlement, furent bientôt démenties par un interêt plus cher.

La Ville de Londres, plus à portée de percer le miſtere
d'iniquité, chargea ſes Répreſentans au Parlement du mois de
Novembre 1742. d'inſiſter à ce que l'on pourvût par préferen-
ce à la ſûreté du dedans du Royaume, avant que d'aviſer à
celle du dehors ; les autres Provinces donnerent les mêmes
inſtructions à leurs Députés, & le vœu unanime étoit de refu-
ſer les Subſides, juſqu'à ce que l'on eût aſſûré cet important
Article & d'autres qui y avoient raport. Il y eut en conſéquence pluſieurs débats au ſujet de l'entretien des Troupes Hanovriennes, que l'on regarda comme une extenſion de l'Autorité
Roïale, deſtructive de celle de la Nation. Les Seigneurs ont re-
nouvellé ſouvent leurs proteſtations contre ces levées faites ſans

le confentement & l'avis du Parlement , qui ne voyoit pas que aucun des prétendus Alliés fît comme lui des efforts en faveur de la Cour de Vienne , & le fecondât à aucuns égards ; que l'Armée de terre coûtoit quatorze cens mille livres fterlings , au lieu qu'en donnant la moitié de cette fomme à la Reine de Hongrie , elle en auroit tiré plus d'avantages. Il fe rappelloit que celle qu'il avoit eue en Flandre en 1709. étoit de cinquante mille hommes , dont l'entretien montoit à un million douze cens mille livres fterlings , au lieu qu'on en payoit actuellement deux cens mille de plus , pour entretenir trentehuit mille hommes qui n'avoient marché que pour être fpectateurs des conquêtes de la France.

Nation aveugle ! Vous' avez crû refpirer après le changement du Miniftere que vous avez pourfuivi avec tant de chaleur & d'opiniâtreté , que libre déformais vous verriez l'emploi de vos Subfides , que vous feriez inftuite du projet des Campagnes , que les Négociations étrangeres vous feroient communiquées , & qu'enfin tout prendroit la couleur que vous défiriez , parce qu'éclairée fur tout , rien ne fe feroit que par l'organe des Sages qui feroient vos interprêtes ; mais à un Vinius fuccede un Tigellin , & l'Angleterre ne s'aperçoit qu'elle a changé de Miniftre , que parce que le même brigandage s'exerce fous d'autres noms , brigandage qui refte impuni , parce que le Souverain dans les conjonctures préfentes , où il a befoin de lever de grandes fommes fur le Peuple pour foutenir fes vûes particulieres , protege les méchans qui profitent des malheurs publics , afin de s'affurer un parti dans la Chambre des Communes. Nation , qui vous piquez d'une pénetration fublime & d'une fagacité admirable , vous êtes comme ces maris jaloux que le foupçon & l'inquietude agitent & troublent fans ceffe , & qui avec cela pour l'ordinaire font les derniers informés de la conduite d'une femme qui les ruine & les deshonore. Faut-il déveloper à vos yeux un miftere que vous êtes affez malheureux de ne pas voir , quoique vous en foiez l'Agent ? Oui , votre Souverain qui affecte de ne vous parler qu'en pere , qui n'a d'entrailles & de follicitude , que pour votre gloire & votre interêt , fe facrifie ces deux objets. Rappellez-vous qu'il a écarté adroi-

tement les mesures & les précautions que vous vouliez prendre pour vous les assurer ; qu'il vous a distrait de cette attention, quà l'imitation de ces Sophistes qui éblouissoient le
Peuple sous les Portiques d'Athenes & de Rome, il avoit
parmi vous des déclamateurs & des antousiastes dont vous
avez été la dupe & la victime ; ils vous ont fasciné les yeux
& bouché les oreilles pour ne pas voir & entendre, en
combinant toutes ses démarches secrettes & publiques ; que ce
n'étoit que la conservation & l'agrandissement de ses Etats
d'Allemagne qui l'occupoient ; qu'il y portoit depuis nombre
d'années votre substance la plus précieuse ; que vous ne pou-
viez suffire à satisfaire l'idole de son cœur ; qu'il ne prodigue
vos forces & vos ressources à la Cour de Vienne, que parce
qu'elle lui a promis d'ajoûter à son Electorat, Hidelseim, & de
sécularifer plusieurs Evêchés pour y être joints, parce qu'ils en
sont à portée ; qu'il n'a formé des intrigues & des alliances
dans le Corps Germanique à vos dépens, que pour trouver
moins d'obstacle à l'exécution d'une criminelle monopole,
contre laquelle les Loix de l'Empire doivent s'armer avec sé-
verité ; qu'il ne s'est opposé aux propositions de Paix faites par
l'Empereur & le Roi de Prusse, que parce qu'elles le frustroient
du succès de ses coupables intrigues ; & qu'enfin il a rejetté hau-
tement la confiance dont les Parties Belligérentes vous hono-
roient, en vous propofant pour Médiateurs, rôle dont vous avez
toûjours été si jaloux, & qui auroit fourni sans doute à votre politique des moiens de travailler à l'objet de votre Commerce,
& qu'elle auroit pû rendre sûrement plus efficaces, que ceux
d'une guerre incertaine & ruineuse. Vous allez voir que votre
Souverain ne va porter à l'avénir son attention, vos forces
& vos ressources, que pour couvrir Hannover qui est la
plus dangéreuse rivale que vous ayez dans son cœur, il lais-
sera aux Hollandois tout le poids & la chaleur du jour en
Flandre, pendant que les armées de la Reine d'Hongrie se-
ront tenues en échec dans la Bohème, ou si elles venoient
à s'en écarter, le Roi de Prusse & l'Empereur avec ses Alliés y rentreroient à leur tour de plein pied ; comme cela s'est
déja fait, & ne trouvant plus d'obstacles ils pourroient pousser
chemin plus loin. Quels ménagemens, quelles prédilections
marquées

marquées n'a-t-il pas eu pour les Troupes Hanovriennes ?
Ne le mit-il pas à leur tête à Dettingen où il ne voulut
être servi que par les Officiers de cet Electorat, au mépris
& au scandale de ceux de sa Couronne ? Croyez-vous qu'à
l'ouverture de votre Parlement il ait eu d'autres vûes & d'autres craintes, en vous demandant des Subsides, que la sûreté
de son Païs ? On ne trouve plus dans la Harangue qu'il vient
de prononcer, ces phrases pompeuses & enflées, qui vous le
le faisoient regarder comme un Conquérant qui devoit vous
rendre les Arbitres de l'Europe ; tout s'y ressent des scindé-
reses de sa conscience, & du trouble de son ame qui est éton-
née du passé, deconcertée par le présent, & effraïée par l'avenir, non pas pour vous, ne vous y trompez pas ?

Quidquid delirant Reges, plectuntur Achivi.

Il ordonne un jeûne public, mais ce n'est que pour attirer
la rosée du Ciel, & la protection du Dieu des armées sur cette Terre qui dévore la vôtre, Terre qui a été l'objet de
tous les Traités qu'il a faits, soit avec vos voisins, soit avec les
Souverains d'Allemagne. A peine s'imagine-t-il que l'armée
de France au de-là du Rhin la menace, qu'il sonne par tout
l'allarme, qu'il presse, qu'il conjure pour former en Empire
une armée d'association, pendant que l'Empereur declare chez
tous les Princes & Etats du Corps Germanique, par l'organe
de ses Ministres qui en donnent de sa part les assûrances les
plus fortes, que l'on en veut ni à leur liberté, ni à leurs biens ;
que ses Troupes & les Auxiliaires ne les contraindront en rien,
& qu'elles payeront avec le dernier scrupule & comptant, tout
ce qui leur sera fourni ; que même S. M. I. qui auroit droit
de les faire déclarer en sa faveur, leur promet de ne leur sçavoir jamais mauvais gré de la neutralité, s'ils s'y tiennent. Les
Troupes de France suivent à la lettre toutes ces conditions.
Déja le Roi de Dannemark est sommé d'envoyer son contin-
gent, à cause du Duché de Bremen, &c. & l'on a fait pré-
senter à la Diete des Mémoires par trois Electeurs sur l'arri-
vée des Troupes de France, pour réclamer contre le dessein
qu'elles ont de prendre leur Quartier d'hiver dans ces Païs. En

D

a-t'on fait autant , lorſque les Troupes Autrichiennes les ont rançonnés , & arraché de vive force leur ſubſtance ? Les malheureux habitans ont eu beau s'en plaindre , ils n'ont pas même trouvé de protection chez leurs Souverains qui ſe récrient aujourd'hui de ce qu'on enleve leurs denrées, quoiqu'en payant. A-t'on réclamé contre la violence exercée contre les Troupes de l'Empereur , en les forçant de ſortir de deſſous le canon des Villes Impériales ? A-t'on fait la moindre réſiſtance au Prince Charles , pour l'empêcher de paſſer le Rhin dans les Païs qui ſe plaignent aujourd'hui de la France ? Ne l'a-t'on pas aſſiſté à tous égards , & à moins que d'être ſon Auxiliaire déclaré , étoit-il poſſible de faire en ſa faveur plus que ce que l'on a fait ?

Angleterre , Nation que l'ombre du joug & de la dépendance arme & révolte , qui êtes auſſi antipathique à la Royauté , que l'ancienne Rome , où ſont aujourd'hui vos Brutus ? Serez-vous toûjours le joüet & la victime de ces ambitieux projets qui ne tendent qu'à votre ruine ? Que vous importe qui ſoit Empereur , ou qui ait part à la ſucceſſion Autrichienne ? Hors d'atteinte dans votre Iſle , vous n'y redoutez les coups d'aucune Puiſſance , & vous ne devez que prévoir ceux de vos ennemis domeſtiques : quel intérêt auroit-on de vous y attaquer ? C'eſt votre Commerce ſeul auquel vous devez tout ſacrifier. On ne comprend pas que les démélés d'Allemagne puiſſent y avoir aucun trait , & qu'ils doivent jamais vous diſtraire d'un objet ſi précieux & ſi important pour vous, pourvû qu'il ſoit maintenu. Un Anglois ſage & zélé pour le bien de ſa patrie , doit penſer & dire :

> *Etiamſi dilabitur orbis ,*
> *Impavidum ferient ruinæ.*

Combinez & calculez l'argent qui circule ordinairement dans votre intérieur , & que l'interruption de votre Commerce ne vous promet pas d'augmenter , ni de remplacer à beaucoup près celui que vous faites ſortir , & vous vous démontrerez à vous-même que vous êtes engagé à en donner la moitié en Subſides , ſans aucune eſperance d'en retirer jamais la moindre chofe ; & fi vous vous fondez fur votre crédit (qui excéde , il eft vrai, de beaucoup vos fonds actuels & même vos reffources) pour fournir à ces Subfides, aufquels vous vous foumettez plus par une fureur épidemique, que par aucun interêt préfent ou à venir , vous verrez qu'il vous fait contracter des dettes, qu'il ouvre la porte aux ufures que vous travaillez à réprimer, qu'il vous épuifera pour de longues années , & qu'il vous fera repentir, plus encore dans la fuite qu'à prefent, de vous êtes livré aux preftiges ; que la Cour de Vienne, à charge à fes Alliés , ne peut jamais étendre ou favorifer votre Commerce, de façon à vous réparer la centiéme partie de ce que vous lui donnez ; que fi la guerre continue encore , ce crédit, quelqu'il vous paroiffe , ne pourra plus, fans épuifer totalement vous & les vôtres , fournir aux dépenfes immenfes que vous prodiguez par tout ; & qu'enfin la Hollande jaloufe de votre Commerce, ne fera point la dupe d'un Traité qui le favorifera , comme elle le fut lors de celui d'Utrecht.

Bien different de la Grande Bretagne qui eft furchargée de fept millions de livres fterlings , de Subfides extraordinaires, qui eft obligée de fournir a tout, fans efperer de tirer jamais rien d'Allemagne , qui ne peut prétendre qu'à l'avantage de rétablir fon Commerce par la paix, dans lequel le Corps Germanique, avec qui elle ne peut avoir aucune liaifon d'interêt , ne fçauroit influer en rien ; l'Electorat d'Hannover ne fe reffent point du poids des Taxes , de la ceffation de fon Commerce & de fon induftrie, & c'eft lui feul à qui on fe livre, & pour qui tout eft réfervé.

Le prétexte de la balance de l'Europe , eft un vieux conte ufé qui n'a pas plus de crédit chez les gens fenfés, que cette terreur panique fi fouvent répandue par la Cour de Vienne, au fujet des invafions des Turcs, pour armer le Corps Germanique en faveur de fes deffeins particuliers. Cette balance ne fe trouvera jamais que dans l'union & le concert de l'Empire avec fon Chef, qui fera toûjours en état de s'oppofer à la France, fi elle vouloit s'étendre de ce côté-là. On ne voit pas qu'elle en puiffe , ni en doive être tentée, & il n'y a pas d'apparence qu'elle entreprenne à l'avenir de le faire ailleurs. Pourquoi donc vous oppofez-vous à cette harmonie qui eft la barriere la plus sûre que vous puissiez avoir, si, comme on veut vous le faire entendre, vous aviez quelque chose à craindre à ce sujet. N'est-ce pas violer les droits les plus naturels ? Et quelle opinion devez-vous avoir de votre Souverain, qui se déclare contre son propre ouvrage ? Peut-il y avoir rien de sacré, quand on pense & qu'on agit de la sorte ?

Qu'il est glorieux au Roi de Prusse de s'en déclarer le défenseur dans des vûes aussi désinteressées que les siennes ! Il vient de vous en donner des preuves, & vous devez admirer sa génerosité & sa bonne foi, qui le portent à payer exactement les sommes dûes sur la Silesie, à quelques-uns de vos Avanturiers, aussi-bien que celles qui le font aux Hollandois sur la Principauté d'Ostfrise. On peut dire que la France pense & agit comme lui dans les affaires de l'Empereur. A-t'elle prétendu faire valoir ses droits sur la Succession en question ? A-t'elle révendiqué aucunes de ses dépouilles, que le droit du sang & celui des armes lui auroit acquises, si elle avoit voulu ? N'a-t'elle pas déclaré que ses Conquêtes au delà du Rhin étoient pour l'Empereur ? Et n'a-t'elle pas rejetté avec indignation les offres que lui a faites la Cour de Vienne, pour la détacher du parti de S. M. I. ? Fidéle à ses Traités, elle n'a laissé aucun soupçon sur sa conduite : ses Ecrits & ses procedés ont toûjours annoncé la vérité, la justice & la paix. *Qui magno imperio præditi in excelso ætatem agunt, eorum facta cuncti mortales novêre ; ita in maximâ fortunâ minima licentia est.* Sallust. de bel. Cat.

La Hollande presque toujours inséparable de l'Angleterre, par la nécessité & l'avantage de son Commerce, peut être mise au rang des grandes Puissances, tant par ses forces de Mer & de Terre, que par la sagesse de son Gouvernement, & par la jalousie qu'elle donne à ses Voisins. L'on sçait que, quoiqu'elle ait secoué le joug de la Maison d'Autriche, dont elle est un démembrement, son union avec la Branche de cette Maison établie en Allemagne, n'a jamais souffert d'altération depuis le Traité de Munster ; ce n'est qu'en temporisant dans les conjonctures critiques, que cette République croit trouver son interêt & sa sûreté. Un grand Ministre a dit d'elle, au sujet des affaires présentes, » qu'on ne trouveroit de suite à »la conduite des Hollandois, que comme on trouve des airs

» au son des cloches, & des figures aux nues qu'on ajustoit
» au Théatre comme on pouvoit & d'après coup, ce que le
» hasard ou l'influence des causes étrangeres produisoient
» seuls ; que c'étoit une Populace dont les parties agissoient
» par des motifs opposés, argent de la Cour de Londres,
» amour pour leur Prince d'Orange, crédit de la Noblesse,
» interêt du Militaire, actions sur les fonds publics d'Angle-
» terre ; que la seule sagesse, les interêts suivis & les maximes
» de la République ne résidoient que chez les Chefs, & ne
» servoient qu'à arrêter ; ainsi qu'est-ce que c'étoit qu'un
» Gouvernement qui n'influe que sur le retardement seul &
» non pas sur l'action, qu'on pouvoit faire des Romans d'après
» cela, qu'il y en avoit eu de beaux à faire en 1672. quand
» les de Wits fort semblables aux Graques de Rome, démon-
» troient avec raison que l'agression de Louis XIV. n'étoit
» qu'une ire aisée à calmer, mais que le pouvoir des Nassaus
» alloit subjuguer la République : le Sage, *ajoute-t-il*, n'en
» fut pas moins dechiré à belles dents.

Quoique les Etats Géneraux ayent prodigué leurs ressources
à la Cour de Vienne, & que celle de Londrees ait envoié
auprès d'eux ses Ministres les plus ardens & les plus passionnés
pour animer leur flêgme par le feu qu'ils ont porté dans leurs
Assemblées, ils n'en ont cependant pas été échauffés de façon à
se déclarer ouvertement : il est vrai que leur maxime favorite
est celle d'Auguste, *festina lentè*. On sçait ce qu'ils ont fait &
refusé de faire à la Campagne derniere, & si dans des tems
où tout paroissoit moins critique qu'aujourdhui pour la Cour
de Vienne, ils n'en ont point pris le parti offensivement, que
feront-ils dans ces circonstances ? Ils doivent se préparer,
comme on l'a dit, à résister seuls aux efforts de la France
dans les Païs-Bas, où la Reine d'Hongrie leur a déja laissé
supporter tout le poids de la guerre, en en retirant ses Troupes, non pas pour faire diversion à des armées qui atta-
quoient leurs Barrieres, mais pour entreprendre des Conquêtes
en Baviere & en Italie. Comment pourront-ils recrûter leurs
Régimens, si la France refuse le passage aux Suisses qu'ils levent
dans ce dessein ? N'ont-ils pas été les premiers dépositaires
des favorables intentions de cette Couronne pour la Paix,

puifqu'elle avoit accepté leur médiation , & que pour fûreté de fa parole & de fa foi, elle offroit de leur remettre Dunkerque en ôtage ? Les Cours de Vienne & de Londres ont-elles montré la même confiance ? Elles n'ont ofé feulement y porter trop ouvertement des propofitions amiables. Agens fubordonnés de la paffion de ces deux Cours , les Hollandois fe prodiguent lâchement au vil interêt d'être aujourdhui les Courtiers de l'Angleterre. Quel avantage y'auroit-il pour eux, quand même les vûes ambitieufes de ces Couronnes feroient fatisfaites ? Ne fe rappellent-ils point que , n'ayant pas voulu accepter les offres qui leur furent faites avant la Paix d'U-trecht, l'Angleterre dont l'intrigue les en avoit détournés , les appliqua à fon profit ? Cette expérience ne doit-elle pas les convaincre que , fi à prefent comme. dans la derniere guerre , l'Efpagne confentoit à certaines propofitions de la Cour de Londres , elle porteroit Dom Philippe en Italie , ainfi qu'elle y a déja porté Dom Carlos ?

Les Droits du Roi d'Efpagne fur ces Païs , ne font pas plus équivoques , que ceux de l'Empereur fur les autres héreditaires : ils font fondés fur des titres inconteftables qui ont leur principe dans le Droit naturel & le Droit des Gens : ils font trop connus , pour que nous les difcutions ici. On fçait que ce Prince fe réferva toutes fes prétentions à ce fujet, lors de fon acceffion au dernier Traité de Vienne. La République de Genes , qui doit craindre que la ceffion faite par cette Cour , du Marquifat de Final au Roi de Sardaigne , n'ait fon effet, qui doit fe rappeller toutes les tentatives qu'ont faites les Prédeceffeurs de ce Prince pour la fubjuguer , eft intereffée à favorifer l'Efpagne , d'où dépend tout fon Commerce. Qu'importe à l'Angleterre & à la Hollande , qui ait le Milanez , de la Cour de Vienne , de l'Efpagne ou du Roi de Sardaigne. Il en eft de ce Païs comme de ceux d'Allemagne , dont on a parlé.

Les Hollandois doivent avoir appris qu'ils n'ont pas de jaloux plus à redouter , que les Anglois , quoiqu'affociés avec eux au titre faftueux de Puiffances Maritimes. Quelle paix Cromwel les força-t'il de faire ? Ofent-ils le difputer en Mer aux Vaiffeaux Anglois , puifqu'ils font obligés de donner le

salut, qui eſt la marque de la dépendance, à un ſimple **Yacht** ?
N'eſt-ce pas par les intrigues de la Cour de Londres, qui fait
travailler aujourd'hui une partie de leur argent dans ſa Ban-
que & ſon Commerce, que leur Compagnie d'Oſtende fut
tranſportée à Trieſte par le feu Empereur ? Ils ont eu beau
crier à la violence, elle n'en eſt pas revenue. Quels efforts n'ont
pas fait les Anglois, pour entrer dans Oſtende & Nieuport ?
On pourroit encore citer d'autres anecdotes auſſi deſavanta-
geuſes ; mais on laiſſe à leur prudence d'examiner les hazards
qu'ils courrent dans cette occaſion, avant qu'ils épuiſent ſans aucun avantage, leurs reſſources pour une Cour d'autant plus har-
die à pouſſer ſon ambition, qu'elle ne riſque rien du ſien. Les
Anglois ont les mêmes réflexions à faire vis-à-vis d'elle & de
leur Souverain. A Londres, comme chez les Etats Géneraux, le Peuple prend parti dans cette affaire, non pas conſé-
quemment à ſon interêt (il n'en eſt pas le maître) mais conſé-
quemment à celui de ceux qui le gouvernent. Il en conſacre
les paſſions & les préjugés, il les croit autant de maximes d'E-
tat auſquelles il ſe ſacrifie, ces paſſions deviennent des fureurs
épidemiques, ſur tout dans les Païs Républicains. Peu à portée
de ces reſſorts qui lui donnent les plus violentes ſecouſſes, il
n'en voit les cauſes prétendues, que dans les Gazettes, ou dans
d'autres libelles publics, qui ſçavent lui en faire un tableau ſé-
duiſant. Ils lui font un pompeux étalage de ſes forces & de ſes
reſſources ; il lui groſſiſſent celles ſur leſquelles il doit compter : ſon amour propre lui cache ſa foibleſſe, ou un Ecrivain proſtitué la lui voile, & lui en impoſe par des portraits
flatteurs. Il ne faudroit que s'arrêter ſur chaques traits, les
comparer enſemble pour diſſiper les preſtiges, & percer la vérité. Le ſeul ſentiment de ſes beſoins qui ſe multiplient ſans
ceſſe, & qui devient plus vif & plus preſſant, à meſure qu'on
lui arrache les reſſources de ſa ſubſiſtance, devroit le convaincre que ce n'eſt point à l'interêt géneral, ni à celui qui lui
eſt perſonnel, qu'il ſe dévouë, mais que ces deux objets ſi précieux pour lui, ſont les victimes de ſon erreur paſſionnée. On
a eu la curioſité de calculer toutes les forces que les Gazettes
de Londres, de Hollande & d'Allemagne ont ſuppoſé que la
Cour de Vienne avoit levées depuis la guerre préſente ; elles

les font monter à quinze cens & quelque mille hommes, fans y compter fes autres Auxiliaires. On doit conclure par là de la confiance que méritent ces fortes d'Ecrits, que le Public trop crédule faifit toûjours avec avidité.

Mais la plus faine partie de l'Etat voit, combine & juge autrement : elle dit avec Ciceron, *Plus ad nos vera ratio valet, quàm vulgi opinio.* Elle a ce fentiment qui fait feul le Citoyen & le Héros : *Salus populi fuprema lex.* Elle penfe que ce falut qui fait le fien, ne fe trouve que dans la paix, ou dans une guerre jufte, entreprife avec la connoiffance exaête de fes forces & de fes reffources, comparées avec celles de ceux qu'elle a à combattre. On demande fi la combinaifon de celles des Cours de Vienne, d'Angleterre & de leurs Alliés, peut entrer en paralléle avec celles de l'Empereur & de fes Auxiliaires, & quelle eft la caufe la meilleure aux yeux de la juftice & de la vérité, en appliquant à tout ce qui vient d'être dit, le principe établi au commencement.

Dans les Etats où la volonté du Souverain eft la loi fuprème, on fent que les reffources y font, pour ainfi dire, inépuifables, & toûjours auffi fûres que promtes ; au lieu que dans les Républiques, il faut le concourt de tous les Membres pour des levées de Troupes & d'argent, moyens fouvent critiques dans des conjonêtures preffantes ; & quoiqu'on en dife fur la fituation des Parties Belligerentes, on trouvera, pour peu qu'on l'examine, que les Subfides font infiniment plus forts à Londres & en Hollande, qu'en France, & que les fiftèmes pour en avoir de nouveaux, font communément plus certains & plus aifés chez cette derniere, que par tout ailleurs. Suivant le génie de la Nation, & la conftitution de fon Gouvernement, elle a dix reffources contre les autres Cours une. N'ont-elles pas toûjours éprouvé que la France n'avoit qu'un cœur, une langue & une bourfe qui l'avoient fait réfifter à l'Europe conjurée ? Ne la croyoit-on pas épuifée, & fes armées ruinées après les premieres Campagnes de Bohème ? Cependant tout fut réparé & complet pour la fuivante ; & ce font ces Troupes abîmées & recrûtées par des Milices que l'on difoit être la plus chétive portion de la Nation, qui ont operé ces fuccès aujourd'hui fi furprenans.

RECAP

RECAPITULATION des faits conséquemment au principe établi.

Parate viam Domini , & rectas facite semitas ejus. C'est ce qui a été éxecuté à la lettre par les Ministres des Cours de France , de Baviere , d'Espagne & de Prusse , avant & depuis la guerre présente. L'Empereur n'a jamais rien fait de contraire aux Droits qu'il réclame , & en faveur desquels il a protesté dans toutes les occasions. Avant la mort de son Prédecesseur , il a tenté tous les moiens de les assurer , il a emploié tout son crédit auprès du Roi de France pour l'en rendre le Médiateur ; depuis il a sollicité à Vienne par le ministere du Comte de la Perouze , la communication des Titres qui les constatent , & sur lesquels la garantie de la Pragmatique Sanction est annullée ; on sçait les difficultés & les obstacles qu'il trouva pour le recouvrement de ces Actes. Les suffrages unanimes du haut College légitiment son Election , qui est conséquente à ce que prescrit la Bulle d'Or. Touché des malheurs de sa Patrie , il a voulu sacrifier à la Paix son interêt & sa gloire. Cette paix a été sollicitée dans cet esprit par tous ses Alliés pendant plus d'un an sans succès. La France , avant de se déclarer & de rien entreprendre dans ces conjonctures où elle donne tout à la foi de ses Traités avec la Maison de Baviere , se choisit un Homme Citoyen pour faire parler & agir son Roi en protecteur de la liberté & du bien public. Ce géneral Plénipotentiaire seconda les vœux de son Maître & de sa Nation , en concertant toutes ses démarches dans les Négociations & dans les Armées , sur ce principe qui étoit la régle de la conduite de l'Empereur regnant , la loi de ses Alliés & celle de ses Ennemis. *Justitia est habitus animi communi utilitate conservatâ suam cuique tribuendi dignitatem.* La nature qui l'a gravé dans le cœur de tout Citoyen , n'est-elle pas outragée de ne plus le trouver dans le Corps Germanique , ce sentiment , qu'elle a donné à l'homme pour être éclairé sur les moiens de sa conservation & de son bonheur ? Se trouve-t'il dans la conduite des Membres de l'Empire à l'égard de leur Chef, & dans celle de la Grande Bretagne

E

pour l'interêt commun de la Nation ? Qu'est devenu chez ces Peuples l'amour de la Patrie, qui fait l'essence d'un Citoyen ? Les autres affections du cœur ne font jamais si vives ni si conséquentes, la plûpart viennent des préjugés de l'éducation & du deréglement des passions qui ne nous portent jamais à faire ces sacrifices éclatans, dont ce sentiment seul nous rend capables ; il en est de lui comme de notre air natal, toûjours plus analogue à notre tempérament ; c'est pour nous une maladie réelle que d'en être privé ; il est le spécifique à la plûpart de nos maux, l'autre n'a pas une moindre influence sur notre conservation & notre bonheur qui font les deux objets qui nous occupent & nous pressent seuls, de façon que nécessairement nous y rapportons tout. La voix du devoir, de la raison & de l'humanité se concerte avec notre amour propre, pour nous y rappeller, quand nous en sommes écartés. Le Roi de Prusse l'a fait entendre, cette voix, & il a donné cet éxemple dont aucun Membre de l'Empire ne devoit avoir besoin pour être éxcité à le suivre. S'ils se plaignent de voir des armées au milieu de leurs Païs, on peut leur répondre, *volenti non fit injuria.* Que l'Empire s'unisse avec son Chef, & il ne sera plus exposé à recevoir servilement la loi de ses Voisins ; il se mettra au contraire en état de la leur donner. La conduite de l'Espagne avec l'Angleterre a également été mesurée sur ce principe, *justitia est habitus*, *&c.* Elle a offert des arrangemens pour régler les différends des Sujets des deux Cours commerçans dans l'Amérique ; elle a fait un Traité pour y parvenir ; mais avant que d'avoir eu le tems de travailler à en éxecuter les clauses, on arme & on sévit contre elle, on en viole la foi, on porte le fer & le feu jusques dans ses plus précieuses sources, on veut les lui couper pour l'abbattre avec la France. *Erudimini qui judicatis terram.* Consultez & voiez si ce que l'on vient d'exposer ici, craint les regards de la justice & de la verité, décidez conséquemment.